curiosidad por

EL TENIS

POR KRISSY EBERTH

AMICUS LEARNING

¿Qué te causa

curiosidad?

3

CAPÍTULO TRES

Jugar el juego

Curiosidad por es una publicación de Amicus
P.O. Box 227, Mankato, MN 56002
www.amicuspublishing.us

Editoras: Grace Cain and Megan Siewert
Diseñadora de la serie: Kathleen Petelinsek
Diseñadora de libro y investigación fotográfica: Emily Dietz

Library of Congress Cataloging-in-Publication Data
Names: Eberth, Kristin, author.
Title: Curiosidad por el tenis / by Krissy Eberth.
Description: Mankato, MN : Amicus Learning, [2025] | Series: Curiosidad por los deportes | Includes index. | Audience: Ages 6–9 years | Audience: Grades 2–3 | Summary: "Conversational questions and answers share what kids can expect when they join tennis, including what gear to pack, types of tennis strokes, and how scoring works. A Stay Curious! feature models research skills while simple infographics support visual literacy. Includes glossary and index"—Provided by publisher.
Identifiers: LCCN 2023045309 (print) | LCCN 2023045310 (ebook) | ISBN 9781645499619 (library binding) | ISBN 9798892000116 (paperback) | ISBN 9798892000543 (ebook)
Subjects: LCSH: Tennis—Juvenile literature.
Classification: LCC GV996.5 .E3418 2025 (print) | LCC GV996.5 (ebook) | DDC 796.342–dc23/eng/20231025

Photo Credits: Adobe Stock/Павел Мещеряков, 3, 20–21; Depositphotos/Xalanx, Cover, 1; Getty/Cavan Images / Robert Niedring photographer, 10–11, Johner Images, 4–5; iStock/Arturo Peña Romano Medina, 2, 7, ChrisGorgio, 13, Harbucks, 8, Machacekcz, 15, Maksym Rudoi, 7, max-kegfire, 17, microgen, 12, nd3000, 2, 15, pixdeluxe, 9, YakobchukOlena, 19; Noun Project/Kido Chang, 22, 23, vectonator, 22, 23; Shutterstock/cirkoglu, 16

Impreso en China

CAPÍTULO UNO

¿Quién puede jugar tenis?

¡Todos pueden! Tanto los niños como las niñas pueden jugar tenis. La mayoría de los programas tienen clases grupales por edades. Hay clases para niños muy pequeños y abuelitos. Muchos jugadores empiezan aproximadamente a los seis años de edad.

Puedes jugar tenis con cualquiera de tus amigos o familiares.

¿Qué equipo necesito?

Toma una raqueta y varias pelotas de tenis. Asegúrate de que la raqueta tenga el tamaño correcto para tu edad y habilidad. Esto te ayuda a balancear la raqueta correctamente. También necesitarás zapatos tenis. Es más seguro correr con ellos por la cancha.

Todo lo que necesitas para empezar es un par de tenis, una raqueta y varias pelotas de tenis.

ELIGE LA RAQUETA ADECUADA

19 pulgadas (48 centímetros) Edades 2–4	21 in (53 cm) Edades 4–6	23 in (58 cm) Edades 6–8	25 in (64 cm) Edades 8–11	27 in (68 cm) Edades 12 +

Usar una pared para practicar es una buena manera de mejorar tus habilidades.

¿Dónde practico?

Puedes jugar tenis en tu parque o centro comunitario local.

¡En cualquier parte! Puedes practicar contra una pared o en una entrada para autos. Tus clases las tomarás en una cancha. Muchas canchas al aire libre tienen luces. Estas te permiten jugar de noche. También puedes practicar en un gimnasio o una cancha techada.

CAPÍTULO DOS

¿En qué equipo puedo jugar?

Los niños y niñas más pequeños pueden unirse a un equipo de algún club local. Cuando estés listo, podrás competir en **torneos**. Tu entrenador(a) te ayudará a prepararte para los **partidos**. Cuando seas más grande, podrás unirte al equipo de tenis de tu escuela. Jugarás contra niños de otras escuelas.

Puedes unirte a un equipo de algún club de tenis local y jugar con niños de tu edad.

Practicar con una plataforma de step puede ayudarte a mejorar tu movimiento de piernas.

¿Qué aprenderé durante la práctica?

Tu entrenador(a) te enseñará diferentes **golpes**. También practicarás corriendo y moviendo tus pies. Esto se llama **movimiento de piernas**. Te ayuda a moverte con mayor rapidez hacia la pelota. El tenis requiere de coordinación y velocidad.

TIPOS DE GOLPES DE TENIS

SAQUE
Un tiro para comenzar un punto.

REVÉS
Cuando la palma de la mano que sostiene la raqueta gira en dirección contraria a la pelota.

GOLPE DE DERECHA
Cuando la palma de la mano que sostiene la raqueta gira en dirección a la pelota.

OVERHEAD
Cuando golpeas la pelota por encima de tu cabeza.

VOLEA
Cuando golpeas la pelota antes de que bote.

GROUNDSTROKE
Cuando golpeas la pelota después de que botó una vez.

¿Cón quién voy a jugar?

Con otros niños de tu edad. Jugarás con otros niños que estén en tu mismo nivel de habilidades. Puedes jugar **singles** o **dobles**. En singles, una persona juega contra la otra. En dobles, hay equipos de dos personas. Cada equipo juega a cada lado de la red.

Los dobles mixtos son equipos de dos, formados por un niño y una niña.

¿SABÍAS QUE...?

Las líneas de la cancha te indican hacia dónde lanzar la pelota. Los singles y los dobles tienen líneas diferentes.

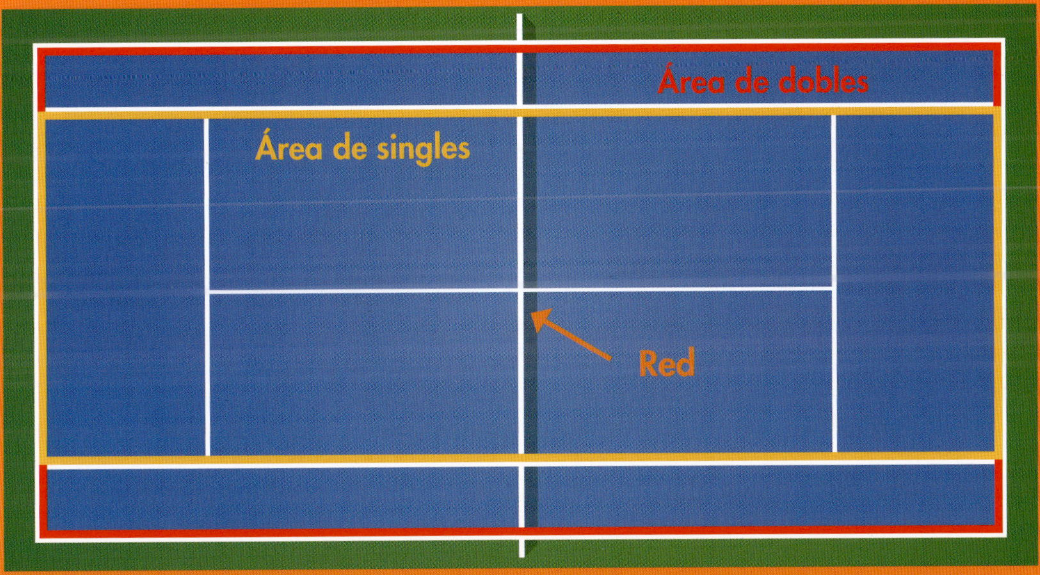

¿Le pego a la pelota tan fuerte como puedo?

Un jugador se prepara para balancear su raqueta.

No. Tal vez sea divertido balancear con fuerza la raqueta. Pero los buenos jugadores de tenis siempre mantienen control de la pelota. Debes apuntar con cuidado para obtener un punto. Los jugadores de tenis usan ángulos, giros y velocidad en sus tiros. ¡A veces, un tiro corto, discreto, se lleva el punto!

¿SABÍAS QUE...?

Un error en el saque se llama una **falta**. El sacador tiene otra oportunidad. Si se vuelve a equivocar, el otro jugador recibe un punto.

Para sacar, lanza ligeramente al aire la pelota y balancea tu raqueta. ¡No te olvides de apuntar!

¿Cómo funciona la puntuación?

Los jugadores hacen **peloteo** hasta que una persona falle al devolver la pelota por encima de la red. Entonces, la otra persona gana un punto. En el tenis se usa una puntuación extraña. El primer punto se llama 15. Luego, recibes 30 por el segundo punto y 40 por el tercer punto. El cuarto punto es un triunfo. Debes ganar con dos puntos de ventaja. Si empatan con 40, el juego sigue hasta que alguien gane con dos puntos de ventaja.

Mantener los ojos en la pelota puede ayudarte a mejorar tu coordinación.

PUNTUACIÓN EN EL TENIS

CANTIDAD DE PUNTOS	TÉRMINO
0	Love
1	15
2	30
3	40
4	Triunfo

¿Cuántos juegos juego?

¿SABÍAS QUE...?

Un partido nivel principiante puede durar 20 minutos. Los partidos profesionales pueden durar horas. Necesitas resistencia para poder jugar un partido largo.

¡Bastantes! Necesitas ganar al menos seis juegos para ganar un **set**. Y debes ganar con dos juegos de ventaja. Si los dos están empatados con seis juegos cada uno, jugarán un juego de desempate. La cantidad de sets en cada partido depende de tu nivel de habilidad. La mayoría de los partidos tienen entre tres y cinco sets. ¡Si ganas la mayor cantidad de sets, ganas el partido!

Los jugadores de tenis deben moverse con rapidez para golpear la pelota desde ambos lados de la cancha.

¡MANTÉN TU CURIOSIDAD!

HAZ MÁS PREGUNTAS

¿Cómo sé si juego con la mano derecha o con la izquierda?

¿Cómo consigo un compañero para dobles?

Prueba con una PREGUNTA GRANDE: ¿Cómo me ayuda el tenis a mantenerme saludable?

BUSCA LAS RESPUESTAS

Busca en el catálogo de la biblioteca o en el Internet.
Pueden ayudarte tus padres, un bibliotecario o un maestro.

Usar palabras clave
Busca la lupa.

Las palabras clave son las palabras más importantes de tu pregunta.

?

Si quieres saber sobre:

- cómo sabes si juegas con la mano derecha o con la izquierda, escribe: LATERALIDAD EN EL TENIS
- cómo encontrar un compañero para dobles, escribe: BUSCAR COMPAÑERO DE TENIS PARA DOBLES

GLOSARIO

dobles Cuatro personas jugando al mismo tiempo; dos a cada lado juegan como equipo.

falta Cuando un jugador comete un error en el saque.

golpe Golpear una pelota de tenis con una raqueta de tenis.

movimiento de piernas Mover tus pies para llegar a donde está la pelota.

partido Una competencia completa en tenis.

peloteo Cuando dos jugadores golpean la pelota de ida y vuelta por encima de la red y dentro de las líneas.

sacar Comenzar el peloteo al ser el primero en golpear la pelota por encima de la red hacia un contrincante.

set Al menos seis juegos seguidos; un jugador debe ganar por dos juegos para ganar un set.

singles Dos personas jugando una contra la otra, una a cada lado de la red.

torneo Una competencia en la que participan muchos jugadores y que suele realizarse a lo largo de varios días.

ÍNDICE

Acerca de la autora

A Krissy Eberth le encanta estar activa, especialmente jugando tenis con su esposo e hijas. Cuando no está en su escritorio, se la puede encontrar esquiando, practicando senderismo o recorriendo en bicicleta los caminos del norte de Minnesota.